quando

Paris

cintila

betty milan

Obras da Autora

ROMANCE

O sexophuro, 1981
O papagaio e o doutor, 1991, 1998 (França, 1996; Argentina, 1998)
A paixão de Lia, 1994
O clarão, 2001 (Finalista do Prêmio Passo Fundo Zaffari & Bourbon de Literatura)
O amante brasileiro, 2004

ENSAIO

Manhas do poder, 1979
Isso é o país, 1984
O que é amor, 1983; *E o que é o amor?*, 1999
Os bastidores do carnaval, 1987, 1988, 1995 (França, 1996)
O país da bola, 1989, 1998 (França, 1996)

ENTREVISTA

A força da palavra, 1996
O século, 1996 (Prêmio APCA)

CRÔNICA

Paris não acaba nunca, 1996 (China, 2005)
Fale com ela, 2007

INFANTIL
A cartilha do amigo, 2003

TEATRO
Paixão, 1998
A paixão de Lia, 2002
O amante brasileiro, 2004
Brasileira de Paris, 2006
Adeus, Doutor, 2007

quando
Paris
cintila

betty milan

EDITORA RECORD

RIO DE JANEIRO • SÃO PAULO

2008

CIP-BRASIL. CATALOGAÇÃO-NA-FONTE
SINDICATO NACIONAL DOS EDITORES DE LIVROS, RJ

M59f   Milan, Betty, 1944-

      Quando Paris cintila / Betty Milan. - Rio de Janeiro : Record, 2008.
      ISBN 978-85-01-08173-5

      1. Crônica brasileira. I. Título

08-0059.   CDD: 869.98
                                       CDU: 821.134.3(81)-8

Copyright© Betty Milan, 2008

Projeto Gráfico
Capa: Luiz Stein – LSD
Designers: Cláudio Rodrigues
João Marcelo
Produção LSD: Daniela Gaspar

Preparação de texto: Mirian Paglia Costa
Fotografia da autora: Oswald

Editoração Eletrônica: Abreu's System

Direitos exclusivos desta edição reservados pela
Editora Record Ltda.
Rua Argentina 171, Rio de Janeiro, RJ - 20921-380 - Tel.: 2585-2000

Impresso no Brasil

ISBN 978-85-01-08173-5

PEDIDOS PELO REEMBOLSO POSTAL
Caixa Postal 23.052 - Rio de Janeiro, RJ - 20922-970

para Jean

Sumário

1. Quando Paris cintila 8
2. Quando a palavra Proust é mágica 12
3. Quando se fala a língua do coração 16
4. Quando o engano é revelador 20
5. Quando o olhar surpreende 24
6. Quando a certeza da vida vacila 28
7. Quando a mudança é essencial 32
8. Quando a saudade é uma garantia 36
9. Quando a Bíblia se impõe 40
10. Quando a velhice é sorridente 44
11. Quando o valor não é objetivo 48
12. Quando a vaca ensina 52
13. Quando a morte é anunciada 56
14. Quando a vizinhança é boa 60
15. Quando viajar é uma graça 64
16. Quando a igreja é brasileira 68

17. Quando a noite é do falanjo 72
18. Quando o faz-de-conta é essencial 76
19. Quando a língua é materna 80
20. Quando o artista fala e diz 84
21. Quando Confúcio lembra Hemingway 88
22. Quando o Buda aparece 92
23. Quando o turista é um aprendiz 96
24. Quando o médico é um lama 100
25. Quando o desperdício é imoral 104
26. Quando o museu é exemplar 108
27. Quando você desembarca na Índia 112
28. Quando o horror ensina 116
29. Quando o indiano diz *sim* 120
30. Quando o olhar é diferente 124
31. Quando a arte arrebata 128
32. Quando o tempo passa sem passar 132
33. Quando a árvore é uma grinalda 136
Notas 141

1

Qua

ndo
Paris
cintila

para ir bem longe, não é preciso caminhar muito

André Breton* dizia que a aventura mora na esquina

é primavera e é pôr-do-sol, um convite ao passeio

em frente do Hôtel de Ville, vejo uma árvore já carregada de flores

não são propriamente roxas, e sim *mauves*, lilás, uma cor que predomina nos países do Norte

por causa do *mauve*, sigo para a Notre-Dame, ver aí o jardim

atravesso o Sena e logo chego no adro da igreja

na porta, os fiéis compram ramos de uma planta que eu desconheço

pergunto o nome e o homem que vende me diz *buis*

percebendo que a palavra nada significa para mim, ele me dá um ramo

não me ignora por eu ser estrangeira e não estar a fim de comprar

me inclui delicadamente entre os fiéis, e eu tenho vontade de entrar na igreja

não tenho como atravessar a porta sem me deter na talha de madeira, que, de alto a baixo, é esculpida com galhos e folhas

trata-se de uma versão ocidental do arabesco

tanto admiro a talha quanto o fato de nunca ter reparado nela

o Oriente estava a dois passos, e eu não sabia

assim somos

vai-se fazer o quê?

o fato é que eu entro e me aproximo do altar onde o padre lê um fragmento da *Paixão segundo São Lucas*

ouço-o evocar o que os chefes dos padres e dos escribas dizem a Pilatos sobre o Cristo: "— Encontramos este homem semeando a desordem. Ele impede os outros de pagar os impostos e afirma que é o Rei Messias"

ouço a frase olhando para as duas rosáceas do transepto

vistas à luz do ocaso e dos lustres de lâmpadas que simulam velas, são tão irreais quanto as noites claras de luar

ainda que o Cristo só tivesse nascido para inspirar os homens que, séculos depois, fizeram os vitrais de Notre-Dame,** ele mereceria ser chamado de Salvador

porque com a arte a gente se salva

bastou ter olhado as rosáceas e ter tido a idéia de escrever um texto cujo título seria *Quando Paris cintila* para sair da igreja salva, feliz

Paris, 2003

2
Qua

ndo

a palavra

Proust

é mágica

o fato de ser tomada por uma pessoa estranha sempre incomoda

nem sempre, no entanto, o estranhamento é ruim

em Paris, eu gosto de ir à biblioteca do bairro para escrever

como o espaço é para consulta, esse comportamento pode ser considerado estranho

nunca havia pensado nisso e é provável que, sem a pergunta do meu vizinho de mesa, nunca viesse a pensar

— Você faz o quê?, quer saber o rapaz, que, pelos cabelos loiros, parece um anjo saído do quadro de um pintor nórdico

um anjo de um retábulo alsaciano

me surpreendo com o fato de não ter me dado conta da sua presença e digo que estou escrevendo um romance

— Um romance?, e ele fixa o olhar no meu caderno

ponho a mão em cima para esconder as rasuras e digo que é *dificílimo* escrever, imaginando acabar assim com qualquer ilusão sobre o meu ofício

qual nada

— Romancista!, exclama ele, quase sem acreditar no que ouve, e já indagando se é o meu primeiro romance

— Não, mas nunca é fácil

a resposta, que poderia ter levado o meu vizinho a pôr os pés no chão, o faz sonhar ainda mais e concluir: — Você vive tardes proustianas* aqui

— Tardes proustianas!, repito, tão surpresa quanto contente

como pode ele ter tido essa idéia?

e a perplexidade cresce até eu concluir que o importante é ter gostado da idéia que tornava sublimes tardes infernais sem saber, o anjo nórdico tingiu a minha hora de azul

talvez, aliás, para que a dele se tornasse melhor

para sair da biblioteca, onde ele estudava para um exame *dificílimo* de matemática, e entrar imaginando num salão literário

para escapar à realidade e se livrar do sofrimento imposto pelo trabalho

a referência a Proust nos fez passar de um lugar real a um lugar imaginário, onde não há exames nem etapas a transpor

onde tudo é reconhecimento

Paris, 2003

3
Qua

ndo
se fala a
língua do
coração

basta não ser insensível à magia para que ela aconteça

eu andava carregando dois pacotes em cada mão quando vi Jacinta, cantora argentina de tango, que também vive na Rue des Archives, se aproximar

boné preto, echarpe vermelha, *le rouge et le noir**

cumprimentei-a, elogiando pela cara ótima

"—Verdade?", respondeu ela, contando que havia semanas ensaiava todas as noites para o "espetáculo de Dunquerque" e mal conseguia abrir o olho de tanto sono

tango em Dunquerque?**

não consegui imaginar a cena e só comentei que ela estava tão carregada quanto eu, lamentando depois o fato de termos que fazer compras

"— O quê? Você não gosta?", disse Jacinta surpreendida, acrescentando, com o seu sotaque argentino, que adorava ir ao mercado e, se não tivesse ido, não teria no cesto o belo peixe de nome *julienne* e o meio quilo de camarões

talvez pela vontade de comer *julienne* com camarão, continuei a escutar

ouvi então uma pequena história comovente

sobre a própria Jacinta e um padeiro francês, "que todo domingo vende o melhor dos pães no mercado"

ela cantou para ele uma canção de ninar

comovido, ele deu a ela o pão de graça "porque há coisas que a gente não vende, troca"

as coisas que vêm do coração, pensei, ouvindo a vizinha argentina, em quem nunca antes havia prestado atenção

por ela ser cantora e eu escritora?

por ela falar espanhol e eu português?

fosse como fosse, sem a história do padeiro, não teria descoberto que eu e ela falamos a mesmíssima língua

a língua dos artistas, que são sensíveis ao pequeno artesão por saberem que o canto, o texto e o pão só podem ser bons se tiverem a marca do coração

marca que não tem nacionalidade

não é espanhola nem portuguesa, é universal

Paris, 2003

4

Qua

n do
o engano
é revelador

a tudo nós preferimos imaginar

a frase "Navegar é preciso, viver não" é a expressão disso

sempre pensei que tivesse sido escrita por Fernando Pessoa

talvez porque esteja na abertura de sua *Obra poética*

ou por causa do verso afirmativo "O mar sem fim é português"

talvez eu tenha imaginado que fosse de autoria do poeta por outra razão inteiramente subjetiva

pela certeza íntima de que uma idéia tão pertinente só pode ter surgido na língua natal

a língua em que as idéias brotam e nos tocam verdadeiramente

seja como for, a fantasia foi desmentida por um amigo português, um editor: "— Nunca li a frase em Pessoa", me disse ele

"— O quê? Como?", insisti, duvidando do que havia escutado

o amigo citou a frase em latim, dando a entender que era antiga

nesse mesmo dia, li que ela circulava na Liga Hanseática, entidade econômica da Europa medieval, que reunia 150 cidades e era formada por homens que viviam do mar, exportando peixe seco e importando cereal — uma liga de navegantes e mercadores germânicos

li ainda que os reis dos vikings — ancestrais dos suecos e noruegueses — foram enterrados nos próprios navios por acreditarem que, para além da morte, existia uma vida e, a fim de alcançá-la, era preciso navegar

me ocorreu primeiro que a frase podia ter sido o lema dos vikings depois, que ela diz respeito aos brasileiros, aos portugueses, aos germânicos, aos nórdicos e aos outros todos

por expressar uma verdade universal, dizer o quão prioritário o sonho é, a fantasia

o quanto nós amamos a nossa imaginação, a liberdade de existir como desejamos

sem essa liberdade, não teria sido possível resistir aos campos de concentração, ao *gulag*,* ao Carandiru

Oslo, 2005

5

Qua

ndo

o olhar

surpreende

olho da janela para a árvore cujos galhos foram cortados

tinha uma copa tão generosa que eu não sei como aceitar a árvore sem ela

pela falta da copa, a árvore parece estar em falta comigo

sei que a poda é obrigatória

que ela serve para fortalecer a natureza, mas não me conformo

até que um dia o meu olhar deixa de ser saudosista e me oferece uma árvore surreal

que Magritte* ou algum outro surrealista poderia ter pintado

porque o tronco e os galhos estão como no inverno, e as folhas, que o jardineiro intencionalmente deixou, estão viçosas como na primavera

uma justaposição surpreendente de elementos estranhos uns aos outros, tão inesperada quanto as justaposições do sonho

nos galhos secos do inverno, algumas folhas de verão

e as folhas são as mais verdes que eu vi

talvez, aliás, por serem residuais

devem ter a função de lembrar à árvore a copa que ela teve e a outra que ela pode conquistar — lembrá-la do seu destino

ao perceber isso, eu me digo que a realidade pode ser vista como uma cena onírica

que o mundo por isso nos encanta

para tanto, é preciso não sucumbir à força do hábito

não se deixar levar pela tendência natural a querer as coisas como elas sempre foram, a olhar sempre para elas da mesma maneira depois de ter vivido a falta da copa, eu me regalei com a árvore surreal, por aceitar que a identidade da árvore varia

lembrei que a existência implica a transfiguração, tudo passa

e concluí que é preciso estar continuamente atento para não ser vítima da repetição

para evitar a cadaverização do corpo e da alma

só assim podemos ser longevos

idosos sem realmente envelhecer

Paris, 2003

6

Qua

ndo
a certeza
da vida
vacila

sempre que um conhecido morre, temos a mesma reação

morreu? como foi?

e o familiar ou algum amigo do morto começa a contar quando ele adoeceu, onde passou desta para outra, como estava na hora da passagem e como ficou depois

a nossa reação é vital

ouvindo a história sobre a morte, nós escapamos ao efeito paralisante da notícia funesta

comentando-a, aprofundamos a nossa relação com os vivos e nos afastamos do morto

por isso, não há nada mais inconcebível do que ser informado do falecimento de um conhecido sem saber como o fato ocorreu

o *como* nos certifica de que não somos nós a vítima

ao recebermos a notícia, nós, que vivemos como se fôssemos imortais, nos damos conta de que não somos

a certeza da vida vacila

e é quando isso acontece que a nossa humanidade aflora

quando de repente percebemos que a vida não dá garantia

que nós também estamos sujeitos ao gongo

nessa hora, a dor alheia nos concerne

o homem que esmola recebe a sua moeda

o vizinho que quebrou a perna merece ser ajudado

o cego que passa nos faz imaginar a vida de quem não enxerga

por outro lado, celebramos o que nos contenta

a jabuticaba na árvore

o dia de céu azul, a lua em forma de adaga

a morte educa

ela ensina a não esbanjar a vida

a recusar esforços inúteis

a brindar a sorte quando esta nos brinda

Paris, 2004

7

Qua

ndo
a mudança é essencial

todos nós temos algum defeito

porém agimos como se a perfeição fosse a norma

como se o defeito fosse um acidente infeliz

a tal ponto que o defeito é tomado pelo médico como a causa do sintoma: "— A senhora tem a quinta vértebra lombar *sacralizada* — colada no osso sacro. A razão da dor é anatômica e não há nada a fazer"

saio da clínica consternada com a explicação, que só depois eu estranho

para quem nasceu com a vértebra colada e nunca antes teve dor, a *sacralização* não explica a dor

chego em casa, ingurgito um analgésico e telefono para o fisioterapeuta

recorro à medicina alternativa, a dos fisioterapeutas, acupunturistas, psicanalistas...

dos que ousam dizer *não* à medicina oficial

mostrando, por exemplo, que o desvio anatômico não é a causa do sintoma

que o sintoma resulta do modo de lidar com o desvio

deduzi isso das sessões com o fisioterapeuta, que, por um lado, me ensinou a não fazer movimentos prejudiciais

por outro, a me exercitar diariamente em movimentos que reforçam a musculatura da coluna e assim compensam o erro da natureza

a medicina alternativa cura, dando limites e ensinando a perseverança, o respeito por si

ela é eficiente por saber que o corpo não é feito com uma régua que a idéia de norma e de anomalia não dá conta do que se passa conosco

que a anomalia não condena à dor, não interessa valorizá-la e o importante é controlar os seus efeitos

contornar a anormalidade como faz o guerrilheiro com o exército inimigo

quando a *sacralização* ia me pegar, o fisioterapeuta me fez tirar o corpo — tirar o corpo do colchão mole e passar para um outro de látex disposto sobre uma tábua

fez evitar o que pode provocar a dor e me exercitar no que pode afastá-la

me levou a dizer *não*

me opor à dor com um novo comportamento

mudar é decisivo para resistir à dor e ao envelhecimento

a verdadeira fonte da juventude é a mudança

Paris, 2004

8
Qua

ndo
a saudade é
uma garantia

"— Não apaga a luz, que é para eu não esquecer dela", o menino me disse, referindo-se à babá que estava noutra cidade

a frase me intrigou tanto que não me saiu da cabeça

por que a luz acesa impedia o menino de esquecer?

que relação existe entre a luz e a lembrança?

entre a escuridão e o esquecimento?

encontrei uma resposta olhando um jardim arborizado no pôr-do-sol

à medida que o sol se punha, a sombra ia deixando as árvores que ela cobria fora de foco

as árvores, por assim dizer, saíam de cena

no teatro da realidade, elas ficavam esquecidas

como os atores que saem do palco

daí a relação entre o escuro e o esquecimento

daí o medo do escuro, que é o medo de esquecer as pessoas, de perder a identidade

o menino não queria perder a babá de vista para não se perder

desconhecia o provérbio "longe dos olhos, longe do coração", mas sabia dele inconscientemente

apaixonadamente, cultuando a saudade que lhe dava a certeza de ser quem era

porque quem canta a saudade sente a falta na carne e com isso sabe de si, se sabe vivo

a exaltação da pessoa amada é a garantia de que ela existe

mas também certifica quem ama da própria existência

o amor é eterno pela certeza que ele dá
é um "contentamento descontente"* que não acaba nunca

Paris, 2004

9
Qua

n d o
a Bíblia
se impõe

a palavra tanto serve para aproximar quanto para afastar

são essas as suas funções primordiais

com ela, os amantes nascem para o amor ou para ele morrem

com ela, o filho volta para casa ou a abandona para sempre

torna-se pródigo ou perdido

a palavra tanto pode significar a união e a paz quanto a desunião e a guerra

daí o risco de falar

mais de uma vez, Lacan* fez menção à dificuldade de falar

começava suas sessões com *Diga* e facilitava a tarefa do analisando acrescentando *caro*

Me diga, caro

dizem que o silêncio é de ouro

diria que só quem corre o risco de falar se liga aos outros verdadeiramente

só quem se expõe à desaprovação pode ser aprovado

com a palavra, nós tanto podemos arrebatar quanto decepcionar

convocar a sorte ou cavar o buraco do azar

sei o que a palavra faz, mas não sei dizer o que ela é

talvez por isso tenha ficado tão impressionada com a tapeçaria do Apocalipse de Angers**

com as duas representações da palavra nessa obra da Idade Média, que reproduz a história do livro escrito por São João, o último livro da Bíblia

há uma representação da palavra como um fio saindo da boca de quem fala e outra como uma espada entre os dentes do Senhor fio, porque liga, constituindo-se num fio de esperança

espada, porque separa e mata

essas duas imagens me ensinam a ousar a fala e a conter a raiva

evitar a paixão do ódio

permitem entender por que a Bíblia atravessou os tempos e continua a vigorar

Angers, 2004

10
Qua

n d o
a velhice é
sorridente

são seis horas da tarde numa praça de Istambul

um homem especial me chama a atenção

especial pela luz que emana do seu sorriso

me detendo nele, percebo que já é bem idoso e está tricotando um boné preto

ao seu lado, há uma cesta com bonés coloridos

deduzo que o seu ofício é tricotar e vender bonés

como ele trabalha mecanicamente, o tricô não monopoliza a sua atenção e ele olha para quem passa

sua presença me apazigua e eu me pergunto por quê

talvez porque, apesar da idade avançada, ele esteja interessado nos outros

talvez porque esteja sorrindo

a proximidade da morte não o perturba

não faz perder o interesse e a alegria

eu me distancio dele, contente

depois, já longe de Istambul, das suas mesquitas e bazares, lembro-me do tricoteiro

sua bem-aventurança desmente a idéia de que todo velho é ranzinza

uma idéia que faz da velhice uma condenação

Istambul valeu tanto pela visita das mesquitas quanto pelo desmentido

pelo acaso de um encontro que lançou uma luz nova sobre o envelhecimento

só envelhece mal quem se exercita na chatice, queixando-se — consciente ou inconscientemente — do tempo que passa

quem não aceita a sua condição não auxilia os outros a aceitá-la

a contrariedade é contrária à vida

por trazer consigo a amargura, ela fragiliza

é o contentamento que fortalece

só ele permite resistir aos solavancos da existência

daí a importância da festa em todas as civilizações

Istambul, 2004

11
Qua

n d o
o valor não
é objetivo

estou sentada no banco do jardim de uma mesquita

o homem se aproxima com uma escova na mão

pede para engraxar o meu sapato

tenho o hábito de cuidar dele sozinha, mas a insistência é tamanha que eu assinto

ao passar a graxa, ele percebe que a sola está descolada

— Posso colar?

— Pode, respondo eu, embora não precise do serviço

ele abre uma latinha de cola e faz o necessário

depois, começa a assoprar

seca a cola com o próprio sopro

fico sem graça

eu, confortavelmente sentada no banco, e ele, ajoelhado no chão, assoprando

tenho vontade de sair logo da situação

— Quanto é?

— Cinco dinares, me diz ele

tiro dez da bolsa e fico esperando o troco

sem falar nada, com o dinheiro na mão, ele também fica

na pressa de ir embora, eu não percebo que ele quer os dez dinares

— Me dá, por favor, meu filho precisa de uma prótese para não andar de muleta

deixo o troco e me afasto com o mal-estar de quem pensa na criança necessitada e no pai sem recursos

constato mais uma vez que o valor do dinheiro não é objetivo o mesmo valor não tem o mesmo significado para uns e para outros

cinco para mim é diferente de cinco para o engraxate

por isso, dez menos cinco são cinco para mim e zero para ele, que tem urgência de ver o filho andando

a matemática é a matemática e a vida é a vida

Istambul, 2004

12
Qua

ndo
a vaca
ensina

a vaca nasce, cresce e morre sem preocupação

só se ocupa de comer

de ruminar, não — a ruminação é uma conseqüência natural da alimentação

de tão despreocupada, a vida da vaca chega a dar inveja

quem está estressado deveria se deslocar para onde há um pasto

aboletar-se e ficar olhando

até encontrar em si a natureza calma da vaca

semelhante à natureza da Negra da Tarsila do Amaral,* que tanto ignora a pressa quanto a paciência, não sabe do tempo

ninguém pode ignorar continuamente o tempo do relógio, claro

mas nós podemos ter a experiência da eternidade

para tanto, a contemplação basta

a de uma árvore — em qualquer estação do ano, a árvore evoca o eterno retorno das estações

ou a de uma fonte cristalina — a água que jorra simboliza a vida e a sua renovação

quem contempla se afasta da própria realidade e volta a ela de outra maneira

sabendo relativizar os fatos, reagir com moderação

quem contempla se poupa

aprende a negociar com os imperativos do relógio

alcança assim, diariamente, a possibilidade do sossego

encontra no Tempo uma praia ensolarada

o azul do céu ou o verde de um buriti

a contemplação talvez seja um dos segredos da longevidade

Villedieu la Blouère, 2004

13
Qua

n do
a morte é
anunciada

nós todos nascemos prometidos à morte

mas vivemos na ilusão de que somos imortais

por isso, tomamos a morte anunciada pela morte em si

estabelecemos então entre quem sabe que vai morrer e nós uma separação radical

separação que existe entre os mortos e os vivos

erguemos uma trincheira para não abrir mão da crença na imortalidade

porque temos o sentimento íntimo de que, sem essa crença, não há como viver

na verdade, esse sentimento só nos prejudica

nos torna insensíveis aos diferentes sinais que o corpo dá

sinais de padecimento, requerendo cuidado

ou de cansaço com a idade, implicando mudança de hábitos para controlar o envelhecimento

nós morremos por uma causa biológica, porém é certo que antecipamos a morte por não levar em conta a realidade do corpo

Freud afirmou que, se não fosse o inconsciente, nós não morreríamos

os monges indianos alcançam em boa forma os cem anos por causa dos exercícios e da alimentação

exercícios para estimular os centros energéticos e alimentação leve

não são longevos por acaso

vivem muito por causa da sua política em relação à saúde

uma política fundada na perseverança e na contenção

a única política que faz a fonte da juventude jorrar

Paris, 2004

14
Qua

ndo
a vizinhança
é boa

ela mora num apartamento com a tia

ele, no andar de cima

durante vinte anos, ela passa por ele e mal o cumprimenta

simplesmente porque a tia não gosta do rapaz

o tempo passa, a tia morre

ela se vê na contingência de esvaziar o quarto da ancestral

a roupa velha vai para um saco e será doada a uma instituição

embora novos — a tia só andava de sandálias havaianas —, os sapatos também serão doados

a quem poderia dá-los? quem calçaria o mesmo número?

os livros passam da estante para o chão, as pastas se amontoam

ela faz o que é necessário, mas se sente mal ao fazer isso

como se estivesse usurpando a vida alheia

desvelando a vida da falecida contra o seu desejo

porque a tia está presente na roupa, nos livros, nas pastas

ao sair do apartamento com um dos muitos sacos, encontra o vizinho do andar de cima na escada

cumprimenta-o e vê que está com duas meninas

— Minhas filhas, diz ele

imediatamente depois, aparece uma mulher

pela cabeleira loira até a cintura, faz pensar numa atriz de Bergman*

— Minha esposa, acrescenta o vizinho

a mulher e as meninas vão embora e ela fica só com o vizinho com a sensação de que a vida dele é plena enquanto a sua...

quer saber se ele é mesmo feliz e ousa perguntar

— Não tenho tempo de me colocar essa questão infeliz, responde ele, não caindo na tentação do balanço

afastando de si a infelicidade que a pergunta poderia trazer

ensinando que balanço só quem é masoquista faz, quem gosta de sofrer

Paris, 2004

15
Qua

ndo
viajar é
uma graça

o pau-brasil então é assim?, me perguntei, olhando para a árvore frondosa de folhas delicadas que o guia de São João del Rei apontava

até então, eu só tinha visto os espécimes do Jardim Botânico, no Rio de Janeiro, e do Trianon, em São Paulo

exemplares tão minguados que não era possível entender como podia o Brasil ter sido nomeado a partir de uma árvore assim insignificante

um país de dimensões continentais!

do meu ponto de vista, a história de que a nominação se deve ao fato de o pau-brasil ter sido o principal artigo de exportação do século XVI não era convincente

ainda que a madeira tenha sido exportada pelo cerne vermelho e o vermelho fosse a cor do corpo pintado dos índios brasileiros

a associação entre o pau-brasil e o índio não justificava a associação entre o nome do país e o da árvore para quem só tinha visto os exemplares do Jardim Botânico e do Trianon

foi preciso me deslocar e ver uma copa digna da exuberância da nossa natureza para entender a nominação

uma copa digna do "país todo praia parma, formoso a estender os olhos, onde se plantando tudo dá", a que se refere Pero Vaz de Caminha*

a viagem tanto me fez ver o olhar extasiado do descobridor quanto descobrir o que a escola não ensinou

pela surpresa que propicia, a viagem é um bem

com a surpresa, nós insensivelmente voltamos à infância, ao tempo em que nos surpreendíamos continuamente

temos então a felicidade de ver o mundo com olhos de criança e nos alegrar

desde que fui a São João del Rei, eu não me esqueço de que o Brasil é uma árvore frondosa

e desde então a lembrança de Minas sempre faz a palavra *graça* ressoar

São João del Rei, 2005

16
Qua

ndo
a igreja é
brasileira

Ouro Preto

à primeira vista, São Francisco de Assis* parece alçar vôo

e é o céu cabralino da cidade que você vê

depois, a igreja se impõe pela força da sua presença

e é a cadeia de montanhas que aparece ao longe, a paisagem suntuosa de Minas Gerais

só pela relação com o céu e a terra, São Francisco é uma igreja evidentemente brasileira

e ela tanto evoca o Brasil na fachada — pela cor verde-garrafa da porta e pelo amarelo-ocre da cornija — quanto no interior — pela pintura e pela escultura

quem entra vê primeiro o teto pintado por Manuel da Costa Ataíde

surpreendente

no medalhão central, os anjos tocam diferentes instrumentos e dançam em volta de uma Virgem que mais parece mãe-de-santo

olhos de jabuticaba e lábios carnudos — quase beiços

nessa pintura, todos os personagens têm os traços e a pele do mulato

mas não é só por isso que ela faz pensar no Brasil

também pelas tintas de que é feita: a marrom extraída da bananeira e a vermelha, do urucu

o pintor subverte a convenção iconográfica

se apropria das representações da cultura ocidental, que ele reinventa

assim, na capela-mor, o Cristo tem seios e a Santa Ceia é representada com 14 figurantes em vez de 13, pois inclui uma mulher

reinventa, pondo em cena o feminino e a bissexualidade

fazendo pouco das interdições religiosas e desqualificando a crença no pecado

valendo-se da arte para desculpabilizar os fiéis e fazer a tolerância vigorar

no mesmo espaço da capela-mor, está um anjo do Aleijadinho, que também poderia figurar num carro alegórico

inspirou a fauna antropomórfica do sambódromo

suas asas são de pássaro, como as dos destaques do Carnaval

e ele não voa, dança, como os anjos do teto

pela independência da sua arte, São Francisco é um templo da liberdade

além de ser um emblema do Brasil

Ouro Preto, 2005

17

Qua

ndo
a noite é
do falanjo

eu descia Las Ramblas* quando a figura apareceu

era medusa ou era anjo?

medusa com os seus cachos curtos e longos emoldurando desordenadamente o rosto

uma mesma trança dando a volta na cabeça

era anjo com suas asas de penas brancas

era branca da cabeça aos pés — da cor do gesso

vista de longe, parecia uma estátua em cima de um pedestal

de perto, medusava com seu olhar perdido na direção que o braço atirado para a frente apontava

me aproximando, achei que não era mulher

homem também não era

era quem?

ocorreu-me a palavra falanjo

um anjo que fala, embora estivesse silente

e eu continuei pelas Ramblas até o monumento a Cristóvão Colombo

vendo Colombo voltado para o mar, pisei na América e enxerguei a lua

redonda como o sol

dourada

desci o Paseo Colón até a Barceloneta, onde a lua ressurgiu

irreal, certificando-me de que eu sonhava acordada na noite iluminada pelo falanjo

um ser enigmático, que fazia da sua quase imobilidade o seu ganha-pão um imóbile** que surpreendia e arrebatava, figurando nas Ramblas como uma aparição

uma obra efêmera de arte, evocando Gaudí***

por não ser medusa e não ser anjo

não ser nem bem isto nem bem aquilo, como Gaudí não era revolucionário e não era místico, não era modernista e não era surrealista

a cada obra ele ensinava que o enigma faz a arte existir

faz a palavra *artista* ressoar

Barcelona, 2005

18

Qua

ndo
o faz-de-conta
é essencial

a fotografia deles estava continuamente na Place de la République

Florence Aubenas, jornalista francesa, e Hussein Hanoun, o guia, presos no Iraque

todo dia, ao passar pela praça, eu via a foto

cada dia com menos esperança de que fossem soltos

até que o rádio deu a notícia da libertação e as fotos desapareceram da praça

só acreditei mesmo na notícia ao ver o rosto de Florence na capa da *Paris Match*

dois olhos como faróis e o sorriso da vitória

impossível não ler a história do cativeiro e da libertação, e eu comprei a revista

meses fechada com mais cinco reféns numa adega cuja temperatura era de 40 graus

o ar chega por um buraco do teto, o suficiente para mantê-los vivos e dormindo a maior parte do tempo

eles não têm noção do tempo nem da hora

de vez em quando, um fio de luz atravessa o espaço e eles conseguem se ver

não podem tirar a venda dos olhos, conversar ou mudar o colchão de lugar

o banheiro é autorizado duas vezes ao dia para os homens e três para as mulheres

a fim de não sucumbir, eles falam baixinho do passado e do que fariam se estivessem livres

Florence conta suas reportagens

fala dos passeios em Paris e dos bistrôs a que iria com os amigos induz os outros a fazerem o mesmo

além disso, eles dão cursos de gastronomia, inventam jantares, convidam-se e trocam as receitas que concebem

assim, conseguem sobreviver até a libertação

a história mostra a força da esperança e da imaginação

não fosse a esperança, eles não teriam se empenhado em resistir

sem o faz-de-conta, não teriam resistido

e, precisamente porque a resistência foi tamanha, o sorriso de Florence Aubenas se tornou tão inesquecível quanto os seus olhos azuis

Paris, 2005

19

Qua

ndo
a língua
é materna

"lá onde Judas perdeu as botas" é uma expressão que desde pequena eu ouvia

na Grécia, em Tessalônica, a expressão se impôs

eu parecia estar no fim do mundo

no mar, os ratos flutuavam em meio ao lixo

nas ruínas romanas, perto do hotel, havia entulho

apesar disso, eu desejava visitar as igrejas bizantinas

impossível perder a oportunidade

mas, como as palavras do meu único mapa estavam escritas em grego, eu não podia ir a pé

o chofer de táxi que parava não entendia o inglês nem o francês

tampouco se esforçava para entender

era só ouvir a língua estrangeira, ele zarpava

quando um chofer me levou à cidade alta, visitar a igreja de São Demétrio, ela estava fechada

daí, o chofer teve a bondade de me conduzir até a Rotunda São Jorge, que estava aberta, porém vazia

um andaime circular sustentava as paredes da igreja, só deixando exposta a cúpula com os santos bizantinos em vias de desaparição

querendo ainda ver Santa Sofia, pedi uma orientação aos que passavam até que um americano me indicou o caminho

segui, olhando os prédios tristes que se enfileiravam cobertos de publicidade

uma em cada andar, com palavras cujo sentido eu ignorava

tirante *Cine* ou *Sex Shop* ou *McDonald's*, nada era compreensível, e, a cada passo, eu me sentia mais por fora

foi assim que entrei em Santa Sofia, onde havia um batismo
e eu me sentei, escutar o padre que cantava voltado para o
altar

fechei os olhos e me entreguei à escuta

insensivelmente, a voz foi me tomando, e o fato de não
entender nada foi esquecido

pelo canto, a língua que até então me excluía passou a me
embalar

se tornou materna, e eu me lembrei de que a mãe primeiro
diz coisas que a criança não entende

concluí que podemos ouvir a língua materna em qualquer
idioma e saí da igreja feliz

Tessalônica, 2005

20
Qua

ndo

o artista

fala e diz

fui numa exposição que reunia os modelos criados por Yamamoto*

entrevistado num vídeo por Wim Wenders, o artista diz que, ao ver um objeto perfeitamente simétrico, tem vontade de quebrá-lo

diz que a beleza está associada à assimetria

pois, no que é perfeitamente simétrico, o trabalho das mãos não aparece, a falha humana

depois, fala do belo, olhando a foto de um operário do século XIX com um casaco azul

aponta a foto e diz que o casaco é belo porque o homem não pode viver sem ele

não tem e não pode comprar outro

acrescenta que gostaria de fazer roupas que fossem assim

para Yamamoto, o belo é o objeto que deixa exposta a imperfeição

a roupa de que o homem não pode prescindir

há uma máxima implícita nas suas afirmações: só o que é humano é belo

a partir dessa máxima, pode-se entender por que Yamamoto diz e repete no vídeo que ele nada tem a ver com o mundo da moda

um mundo que jamais faria o elogio da imperfeição e é contrário ao apego à vestimenta

a roupa é fabricada para ser vendida, usada e substituída

nunca para durar

Yamamoto gosta tanto de roupa antiga que tem uma coleção de peças dos séculos XIX e XX originárias de diferentes países inspira-se nelas para inventar a sua moda

criar modelos com os quais os manequins parecem voar e
outros que mais parecem esculturas

enigmáticos como toda obra de arte

arrebatadores como as imagens surreais do sonho

Yamamoto pertence ao mundo dos que desconhecem os limites
impostos pelo gênero e fazem obras que, sendo absolutamente
modernas, são clássicas

nascem para ficar

Paris, 2005

21
Qua

ndo

Confúcio

lembra

Hemingway

segundo Hemingway, basta uma primeira frase verdadeira para que o texto se escreva

li isso em *Paris é uma festa* nos anos 90

tendo lido, escrevi *Paris não acaba nunca*, livro cujo título simultaneamente nega e reafirma o de Hemingway

porque Paris nem sempre é alegre, mas não pára de nos surpreender

assim, no Museu Guimet,* eu ouço uma conferencista dizer que, segundo Confúcio, a caligrafia depende inteiramente do primeiro traço

Confúcio é um filósofo chinês do século VI a.C., Hemingway, um escritor americano do século XX

entre a caligrafia chinesa e a nossa escrita não há nada em comum

aquela se faz com o ideograma, que representa diretamente uma idéia, e esta se faz com a letra

não obstante a diferença, ambas dependem do primeiro sopro que se traduz numa frase ou traço

a dependência do primeiro sopro é o fator universal, que levou Confúcio e Hemingway a dizerem a mesma coisa

concretamente, essa dependência significa que é preciso, por um lado, repetir a frase ou o traço até acertar e, por outro, que é preciso esperar o momento certo

isso implica a paciência

o principal ensinamento dos grandes mestres talvez seja esse

por serem maleáveis, sempre souberam se submeter às condições impostas pelo trabalho

aceitar o vento que sopra e a calmaria

se valer da mudança para agir da forma certa no momento certo

entre Confúcio e Hemingway, vinte e cinco séculos se passaram, porém o ensinamento é o mesmo

o tempo passa; a sabedoria, não

Paris, 2005

22

Qua

ndo

o Buda

aparece

mal cheguei em Pequim e já estava na Cidade Proibida

não para visitar o palácio imperial, mas para olhar de longe

caminhar na rua ao longo da muralha que circunda o palácio, olhando os tetos de telhas amarelo-ocre refletindo a luz do sol

andei até o parque mítico de Beihei, antigo jardim-de-infância dos imperadores

metade do espaço é ocupado por um lago artificial, supostamente feito por Kublai Khan, neto de Gêngis Khan

entrei e me detive no lago

olhei as folhas como bandejas na superfície da água

pensei na vitória-régia

impossível que fosse, eu estava em Pequim

afastei a idéia e, me aproximando, vi uma flor rosa fálica

uma flor de lótus

deduzi que a folha como bandeja era de lótus, me surpreendendo com a aparição de um Buda em cima dela

uma imagem exatamente igual à de uma pintura que eu tinha visto com a irmã agora hospitalizada em São Paulo

ouvi-a sussurrando no meu ouvido: "— De tão leve, o Buda se sustenta em cima de uma folha"

um comentário em que eu reconheci o desejo de que afastássemos de nós o sofrimento, fôssemos desapegadas e leves

soube imediatamente que aquele Buda seria sempre o mais maravilhoso

aquele que nasceu da minha imaginação para me aproximar da irmã e me confortar foi uma visão semelhante à dos ascetas que viviam no deserto de Gobi, em Dunhuang

moravam retirados nas grutas de Mogao, onde, do século IV ao XIV, eles pintaram e esculpiram as suas visões — legando-nos o maior centro de arte budista

o Buda do parque de Beihei me apaziguou e me fez entender o asceta que se despoja de todos os bens e se isola

faz isso porque não há experiência melhor do que a visão

nenhum tesouro propicia o prazer místico do êxtase, que transporta da terra para o céu

Pequim, 2005

23

Qua

ndo
o turista
é um aprendiz

rota da seda, na cidade de Lanzhou

mês de setembro, noite de lua cheia e eu saio para andar

de repente, um som estranho

som de instrumento ou de voz?

ao chegar na esquina, vejo um chinês que não tem pernas
tocando um instrumento de cordas

está sentado na calçada com as costas apoiadas no muro

na sua frente, há um copo cheio de notas de dinheiro

abro a bolsa para dar o meu iuane

nesse momento, uma chinesa bem-vestida chega perto dele,
se abaixa e o repreende

o músico aleijão pára de tocar e presta atenção no que ela diz

fico surpresa com a cena, cujo significado me escapa

quem podia ser a mulher rica que repreendia o mendigo?

quando ela se levanta, ponho uma nota de 1 iuane no copo

o infeliz baixa a cabeça em sinal de agradecimento e a chinesa
se aproxima sorrindo para agradecer também

novamente surpresa, eu me pergunto qual a razão do comportamento dela

acaso significa que a tradição budista de dar esmola continua
a vigorar na China e a mulher celebra a minha adesão a essa
tradição?

ou, ao contrário, significa que poucos na China dão
esmola?

a resposta quem me dá é o guia, no hotel

o aleijão trabalha para a chinesa rica, e tantos são os mendigos
contratados, além dos que se fazem passar por mendigos, que
já ninguém mais quer dar esmola

alguns dias depois, em Pequim, sou obrigada a acreditar no teatro da mendicância

nas imediações da Praça da Paz Celestial,* as velhas que esmolam são verdadeiras atrizes

dois minutos para cortar o coração do turista que passa — e nunca passa sem dar esmola

Lanzhou, 2005

24

Qua

n do
o médico é
um lama

estou na cidade de Xiahe, onde fica o mosteiro de Labrang

nele vivem lamas originários de várias partes da China

os que são formados em medicina se ocupam do hospital público de Xiahe, dando atendimento aos camponeses da região

a meu pedido, um dos lamas me recebe no hospital para trocar idéias sobre as diferenças entre a medicina tibetana e a ocidental

o guia e eu somos introduzidos no seu pequeno consultório

a primeira diferença entre as duas medicinas é patente e poderia ter me desgostado a ponto de me afastar

em cima da cama em que ele examina os pacientes, há um lençol que mais parece um sudário

a higiene, evidentemente, não é uma exigência da medicina tibetana

vencendo o nojo, pergunto durante quantos anos ele estudou para se formar

o guia traduz a resposta: trinta e quatro

estranhando, eu digo ao guia que não desejo saber há quantos anos o lama exerce a profissão, mas quantos anos ele estudou

o guia repete a pergunta e a resposta é a mesma, porém o lama explica que são trinta e quatro anos, pois não parou de estudar desde que começou

isso já seria suficiente para justificar o encontro

à diferença do ocidental, que se apóia no diploma e se apresenta como aquele que sabe, o lama se apresenta como aquele que estuda continuamente

deixa o não-saber, que é uma forma de douta ignorância, entrar em cena por isso me fez pensar no psicanalista

uma associação que me pareceu ainda mais justa quando ele disse que, além das ervas e da acupuntura, usava as palavras para tratar a loucura

escrevia uma frase para o louco usar como pendente

quanto às ervas de que ele se vale, são muitas

para cada caso, uma diferente

e ele também recorre ao pó das pedras, porque a doença está ligada a uma falta de minerais que só as pedras contêm

e o tratamento com as ervas e as pedras é eficaz?

de ação menos rápida que a dos remédios ocidentais, porém com menos efeitos secundários, responde o lama

adianta tratar o coração e provocar uma doença no estômago ou no fígado?, acrescenta o meu interlocutor depois de dar a entender que a sua medicina, como ele, tem limites

do começo ao fim, o lama foi humilde, ensinando que o saber e a cura dependem da paciência

Xiahe, 2005

25
Qua

ndo

o desperdício
é imoral

a língua chinesa talvez seja a mais poética que existe

é na cidade de Dunhuang, onde estou pela arte budista das grutas de Mogao, que me dou conta disso

Dunhuang foi durante as dinastias Han e Tang* uma das principais etapas da rota da seda

as caravanas que atravessavam o deserto passavam pela cidade, que é um oásis no deserto

"no deserto de Gobi", explica de saída o guia, acrescentando que *gobi* significa *terra avara* — e eu me surpreendo com a beleza da sua língua

trata-se de uma designação tão poética quanto teatral do deserto, cuja aridez parece contrária à inspiração

na mesma tarde, o guia me surpreende uma segunda vez

me oferece um damasco seco e conta que eles fazem geléia com todas as sementes doces

com as amargas, fazem remédios

o camponês paupérrimo da China tira proveito de tudo

tira leite de pedra todo dia para sobreviver

conquista o amanhã diariamente com a sua criatividade

para ele, não há mal maior do que o desperdício

não há nada mais imoral

se a moral desse camponês fosse a de todos, nós saberíamos preservar a natureza e não desperdiçar a vida

como?

resistindo ao acidente e à doença

envelhecendo sem nos degradar

tomando cada mudança no corpo como um sinal para mudar de comportamento, nos adaptar

dos cabelos brancos, nós faríamos uma aura e de cada ruga, um marco

por termos uma relação harmônica com o corpo, a beleza estaria ao nosso alcance na velhice, assim como na juventude

e haveria entre nós, ocidentais, tantos longevos impressionantes como na China

Dunhuang, 2005

26
Qua

ndo

o museu é
exemplar

ninguém visita Estocolmo sem ir ao museu onde está o *Vasa*, o navio mítico

foi construído no século XVII por ordem de Gustavo Adolfo II para ser a jóia da coroa

casco feito de mil carvalhos, 64 canhões, mastros de mais de 50 metros de altura e centenas de esculturas douradas e pintadas durante três anos

carpinteiros, serralheiros, vidraceiros, escultores e pintores trabalharam na construção do navio real

10 de outubro de 1628, dia da viagem inaugural, os habitantes de Estocolmo ocuparam o cais da cidade para desejar boa viagem

o que eles testemunharam foi o naufrágio do *Vasa*, que, depois de virar e se deitar sobre o flanco, afundou lentamente

mais de três séculos se passaram

vários anos de pesquisa foram necessários a Franzen, arqueólogo especialista em navios de guerra, para localizar o *Vasa* no século XX

uma grande campanha nacional — Salve o *Vasa* — é lançada em 1961, e, depois de 333 anos no fundo do mar, o navio emerge

o significado arqueológico desse fato é evidente

mas não é só pelo interesse arqueológico que a visita é fundamental

segundo o catálogo do museu, os conselheiros do rei perguntaram ao capitão: "— Vocês estavam bêbados?"

resposta: "— Juro, diante de Deus Todo-poderoso, que ninguém a bordo estava bêbado"

e o capitão conclui atribuindo o naufrágio à concepção do navio: carenagem pequena demais para o casco

o chefe da equipagem então revela que trinta homens correram
de um lado para o outro, a fim de que o navio não virasse

mas, ao ver que o navio era instável, o almirante se limitou a
dizer: "— Pena que Sua Majestade não esteja na Suécia"

deixou que a ordem de Sua Majestade se cumprisse apesar
do risco do naufrágio

o que a visita ao *Vasamuseet* mostra é que nós desacreditamos
dos fatos quando eles são contrários aos nossos sonhos

impressiona por evidenciar que a realidade não muda o nosso
imaginário

nem mesmo quando existe risco de morte

Estocolmo, 2006

27

Qua

ndo

você

desembarca

na Índia

o avião desce em Madras

é a primeira vez que eu estou na Índia

ao atravessar o corredor do aeroporto, vejo pelo vidro uma salinha onde uma roda de indianos assiste à televisão

estão todos sentados, mas no meio deles há um homem de turbante deitado no chão

a cabeça apoiada na mão, ele olha o filme tão atentamente quanto os outros

estranho a posição

pouco depois, no banheiro do aeroporto, vejo a funcionária deitada num banco

sári verde, a cabeça e o corpo voltados para cima

como numa cama ou num caixão

uma posição em que nenhuma ocidental ficaria em público, a menos que estivesse na praia ou morasse na rua

tanto pela relação com o espaço quanto pela relação com o corpo, o indiano é diferente

nós ocupamos o espaço público sentados ou na vertical

só nos deitamos no quarto, em geral para dormir ou transar

para o indiano, descansar não é sinônimo de dormir, e o descanso, como a meditação, pode acontecer em qualquer lugar

noutras palavras, ele se desliga dos outros e se isola no meio deles

tem uma liberdade que nós ocidentais sequer imaginamos

liberdade de se entregar a si mesmo onde quer que esteja e a qualquer momento

talvez por isso o outro nome da Índia seja *Mother India*

a Índia é mãe porque bendiz o descanso e a meditação dos homens e dos deuses

no Templo da Orla de Mahabalipuram, o Vishnu esculpido na rocha está deitado

segundo o guia, cansado de proteger os homens, o deus medita a próxima criação

descansa e ensina que existe o tempo de agir e o tempo de parar

talvez por isso ele continue intacto embora tenha sido esculpido no século VIII

resiste à erosão e ao tempo

Madras, 2006

28
Qua

ndo

o horror

ensina

segundo a lenda, o futuro Buda, o príncipe Sidharta, deixou o palácio do rei seu pai e se tornou um asceta por ter encontrado um velho fraco e sem protetor, um doente à beira da morte e sem abrigo, um cortejo fúnebre e um religioso que vivia de esmola e vagueava na maior serenidade

por ter visto o velho, o doente e o morto e ter ouvido o escudeiro dizer que ninguém escapa à velhice, à doença e à morte, Sidharta, horrorizado, concluiu que nada é mais importante do que escapar ao sofrimento

por ter visto a serenidade do asceta, escolheu a via do ascetismo

quem vai à Índia entende o horror do príncipe

em nenhum outro lugar há tantos velhos esqueléticos envoltos em pano sujo andando sozinhos na estrada ou na rua, deitando-se sob um sol cáustico para o amanhã incerto da morte ou para mais um triste amanhecer

em nenhum outro lugar há tantas mulheres mendigando, exibindo a sua fome com um gesto que envergonha

olhos de sofredoras, elas seguram um bocado imaginário de comida e o introduzem repetidamente na boca até conseguirem o que querem

o turista tende a se perguntar por que foi à Índia, sem perceber o quão importante é ver o que a modernidade esconde: a velhice, a doença e a morte

para dissimular o envelhecimento, ela tem vários recursos, e para afastar o doente, outros tantos

quanto ao morto, nós só o vemos no caixão, vestido e, se possível, maquiado

como se a morte fosse uma cena de teatro, quando ela é "um instrumento perpétuo de vida", como diz Sri Aurobindo,* cuja fundação em Pondicherry exemplifica a frase

no centro dela, o que nós vemos é o túmulo do escritor, que foi tão radical na obra quanto na vida

queira ou não, quem vai à Índia tem que pensar na morte

também por isso a viagem vale a pena

Pondicherry, 2006

29
Qua

ndo
o indiano
diz *sim*

você pede uma água mineral no restaurante

— Com gás ou sem gás?

você diz *sem gás* e vê a cabeça do indiano balançar de um para outro lado, como um sino

o que será que ele quer dizer?

como ele vai e volta com a garrafa, você conclui que o gesto significa *sim*

nem por isso você deixa de estranhar cada vez que um indiano faz o mesmo gesto

não só porque para dizer *sim* você abaixa e levanta a cabeça, mas ainda porque o gesto dele evoca o que você faz quando diz *não* — virando a cabeça de um para outro lado

o estranhamento contínuo mostra o quanto nós resistimos à diferença, tendemos a nos afastar do outro que não nos espelha

quem vai à Índia e se entrega a essa tendência perde a ocasião de se aproximar de um povo cuja delicadeza é única

quando, por exemplo, algum indiano não entendia o que eu havia dito, recorria a um outro para me dar a resposta esperada

se eu pedisse suco com água mineral no restaurante, o garçom, no dia seguinte, servia o suco dizendo que havia sido feito com água mineral

mais de uma vez fui recebida na portaria do hotel com algum refrigerante gelado, como se, para receber bem, fosse necessário antecipar o desejo do hóspede

nas duas semanas em que viajei de Madras a Madurai, ninguém me tratou mal ou com frieza

o sorriso na Índia é cultural, ninguém perde a calma

nem mesmo nas estradas, onde a circulação é dificílima e o acidente está no ar

entre os vários ensinamentos da Índia está o da paciência

delicados, pacientes e disciplinados

nem por isso menos livres

a liberdade dos indianos tanto se manifesta na reinvenção contínua do panteão hinduísta quanto na reinvenção da moda

assim, quem visita o templo de Ganesha, em Pondicherry, vê um sem-número de representações do deus em forma de elefante

e quem olha para as mulheres, na rua, não se cansa de olhar, pois todas se vestem de sári, mas o sári de uma não é igual ao da outra

as cores da roupa são tão variadas quanto as das especiarias

o turista que vence a resistência inicial vê o arco-íris todos os dias

Pondicherry, 2006

30

Qua

ndo
o olhar é
diferente

manhã de sol na praia

céu azul e mar de calmaria

parece um lago

sentados embaixo de uma árvore, eu e ele não queremos nada
além de contemplar a paisagem e ouvir o silêncio

ficamos tomados pela paisagem, quase imóveis

até que ele aponta uma revoada de gaivotas no céu e me diz
que parece uma nuvem

olho a revoada e vejo uma faixa de paetês

através do meu olhar, é o Carnaval que entra em cena

a faixa se desloca para a esquerda e para a direita e, de repente,
ela se cinde

metade das gaivotas vai para um lado e metade para o outro

enxergo a separação das gaivotas

já ele diz que é a dispersão

o meu olhar é dramático, o dele é, por assim dizer,
"objetivo"

me pergunto como é possível que, sendo tão diferentes, nós
estejamos juntos há tantos anos

depois, eu estranho a pergunta

ela é tão convencional!

percebo que, inconscientemente, eu ainda acredito no amor
como espelhamento

o amor dos que se amam cruelmente, espelham-se um no
outro e não se vêem, como diz Drummond

por sorte, nós dois não nos amamos cruelmente

não somos vítimas do espelho

na verdade, o que me liga a ele é a diferença

foi porque ele viu uma nuvem e a dispersão onde eu vi uma faixa de paetês e a separação que me dei conta da particularidade do meu olhar

o olhar dele me revelou o meu modo de ser

porque eu soube escutar o que ele disse, claro

gosto tanto de ouvir o companheiro quanto o silêncio e o mar de calmaria

Praia do Forte, 2007

31

Qua

ndo
a arte
arrebata

não sei por que vou de novo ao ateliê de Doidão

perdi a conta do número de vezes que fui lá — a cada vez que estive na Praia do Forte na Bahia

olho as carrancas diante da porta

depois, entro, ver as novidades

o que eu enxergo é a escultura da qual nunca me esqueço, *Os deuses do amor*

está bem no centro do ateliê e tem mais de quatro metros de altura

o deus de ponta-cabeça, pernas abertas e soltas no espaço, evocando o vôo e o mergulho dos amantes

a deusa, bem menor, envolve com os braços o tronco do amado

sua cabeça, jogada para trás, fica na altura do sexo dele, representado por duas begônias e um beija-flor

uma representação absolutamente original

original e brasileira, porque usamos a palavra *passarinho* para designar o sexo masculino

exalta delicadamente o falo, comparando o sexo feminino a uma flor

a obra me arrebata mais uma vez

será pela evocação do vôo, do mergulho ou pela metáfora do sexo?

giro em torno uma, duas vezes

notando meu interesse, Doidão me leva para ver outra peça, uma Virgem Maria grávida, cuja boca está aberta e os lábios são beiços

primeira vez que vejo uma Virgem assim

a escultura subverte a iconografia tradicional e confirma a originalidade do artista

entendo agora por que fui tantas vezes ao ateliê de Doidão, que me explica a razão do seu nome : "— Doidão por ter sido sempre doido por arte"

e ele acrescenta que é descendente de escultores, inovando portanto a questão da ascendência, que bem merece ser repensada

na verdade, não é a nacionalidade, a cor ou a religião do ascendente que importa, mas o seu espírito

Doidão é filho de Loucão, que lhe ensinou a esculpir e amar a arte

Praia do Forte, 2007

32

Qua

ndo

o tempo passa

sem passar

com os *beatniks*,* na década de 50, Nova York foi um templo do *underground*

na década seguinte, tornou-se a meca dos *hippies**

fascinada por esses movimentos, estive lá várias vezes no fim dos anos 60

tudo era pretexto para ir e para ficar em Greenwich Village

depois, só estive de passagem, a caminho de alguma outra cidade onde ia trabalhar

passava rapidamente, lamentando a falta de tempo

quando, em 2001, o World Trade Center foi bombardeado, quis ir como repórter

além de cobrir os fatos, poderia dar atendimento aos sobreviventes

teria sido uma maneira de pagar diferentes dívidas com os Estados Unidos — entre elas, a educação num colégio americano de São Paulo

com a guerra do Iraque, no entanto, eu perdi completamente a vontade de ir aos Estados Unidos e só fui para visitar o meu filho

por necessidade, e não porque desejasse

bastou, no entanto, um dia em Greenwich para mudar de idéia por três motivos

primeiro, uma plaquinha no portão de um prédio: "*God save America from Bush*"**

com a frase, eu me dei conta do quão inóspito o país também se tornou para boa parte dos americanos e o quão próxima eu fiquei deles

segundo, uma plaquinha pregada num banco de madeira ao lado da porta de um café : "*In memory of Chebica, who loved coffee and cigarettes*"*** além de ser contrária à intolerância do *politically correct*, sustentar claramente o direito ao cigarro, a frase fazia a palavra *saudade* ressoar

humanizava a relação com o tabagista, exaltando a lembrança da sua existência, ensinando que o combate ao vício não implica o banimento do viciado

mas foi com uma pequena cena de rua que Nova York me arrebatou mesmo

um homem e uma mulher sentados, lado a lado, nas suas respectivas cadeiras de roda

esquecidos da sua condição de paraplégicos, eles tentam infindavelmente se beijar

ele pende o corpo para o lado dela e aproxima o rosto

as bochechas se tocam e se roçam

ele quer os lábios

não consegue virar o rosto e a cabeça cai

vão desistir?

nunca

a cabeça dele se alça e a tentativa recomeça

esquecida do relógio, do outro lado da rua, eu olho

cena tão terna, eu nunca antes vi

só me dou conta da hora quando o filho me chama

constato que, em Nova York, o tempo ainda passa sem passar

Nova York, 2007

33
Qua

ndo
a árvore é
uma grinalda

não é preciso sair do lugar para ir à China

para mim, bastou olhar a árvore que eu vejo da janela do meu quarto no dia em que ela evocava uma grinalda

pela transparência das suas folhas recém-nascidas, olhei-a e me disse que uma árvore pode ser como uma noiva

depois, me perguntei com quem então ela se casa

me ocorreu que a árvore se casa com o Tempo

sim, porque é ela que melhor simboliza a vida e a morte

por isso, aliás, deve aparecer tão freqüentemente nas representações do budismo

o fato é que bastou olhar pela janela para chegar ao budismo

não é preciso, portanto, ir à Ásia para encontrá-lo

contando as linhas escritas, percebo que bastaram quinze — sem maiúscula nem ponto final — para que eu fosse e voltasse

olhando o relógio, constato que levei quinze minutos

por isso, prefiro a escrita ao turismo — o computador ao avião

escrever é um privilégio que eu não troco por nenhum outro

o privilégio de não precisar de nada senão do Tempo e da árvore

à qual o Tempo concedeu mais uma primavera

a felicidade está nas coisas simples, claro

complicado é chegar nelas

para enxergar a grinalda, talvez seja necessário ter consciência da própria morte isso significa ter consciência de que os instantes todos são únicos e nunca mais se repetirão

o exílio — ainda que seja voluntário — é um artifício que favorece essa experiência

por isso é tão valorizado pelo escritor

até o dia em que — por ele estar mais próximo da morte — o céu do país de origem se torna insubstituível

mourir au pays qui te ressemble, como diz Baudelaire

morrer no país que te espelha

isso significa que o escritor e a árvore não se casam com o Tempo da mesma maneira

ele se casa com a eternidade

ela, com a borboleta translúcida da vida

Paris, 2003-2007

Notas

Crônica 1 * André Breton: Escritor francês (1896-1966) que, segundo seu amigo, biógrafo e também escritor Julien Gracq, se interessava mais pela vida do que propriamente pela literatura — vale dizer que viveu a aventura literária do surrealismo como uma experiência existencial. Eterno rebelde, ligou-se ao dadaísmo, ao comunismo e lançou em 1924 o Manifesto Surrealista em defesa da liberdade e da imaginação, no qual atesta: "Imaginação querida, o que sobretudo amo em ti é não perdoares (...) Só o que me exalta ainda é a única palavra, liberdade". Para renovar a arte, utilizou a escrita automática, método que consiste em abstrair a realidade externa e, ao mesmo tempo, alienar o eu do artista, excluindo qualquer possibilidade de censura ou organização do material durante a criação ou depois dela. Trata-se de expressar a voz inconsciente por meio de um discurso livre do controle da consciência. Entre suas obras, *Nadja* e *O amor louco* são consideradas as mais características e valiosas. O surrealismo teve grande expressão também nas artes plásticas, com Salvador Dalí, René Magritte, Joan Miró, entre outros, e no cinema, com Luís Buñuel.

** Vitrais de Notre-Dame: A catedral de Paris, consagrada à Virgem Maria (daí, Notre-Dame, "Nossa Senhora"), foi construída entre 1163 e 1330 no estilo gótico, uma arquitetura que busca o céu, com suas colunatas levíssimas sustentando abóbadas em arcos de ogiva e paredes finas ou substituídas por painéis de vidro colorido — os famosos vitrais, que fazem entrar a claridade no templo. Os mais espetaculares são as rosáceas, que estão entre as mais belas do mundo. A rosácea oeste, montada antes de 1220, tem 9,7 metros de diâmetro, enquanto as rosáceas dos transeptos — setores que formam os braços da cruz em relação à nave — apresentam 12,9 metros de diâmetro cada uma. A do norte ficou pronta por volta de 1252 e a do sul, em 1258. A implantação da igreja no terreno convida o visitante a entrar pela face ocidental do edifício, conduzindo-o para o altar principal, no lado onde o sol se levanta. Em suma, nos tira das trevas para a luz.

Crônica 2 * Tardes proustianas: Idéia talvez despertada pelo caderno e pela menção à dificuldade de criar um romance, pois Marcel Proust (1872-1922) trabalhava incansavelmente sobre seus carnês, a escrever e reescrever fragmentos e passagens dos sete livros que compõem *Em busca do tempo perdido*, mesmo depois de datilografados para edição. Também pode ter colaborado para formar a expressão o ambiente isolado da biblioteca. Mofino, Proust vivia fechado em seu quarto e escrevia sobre o leito, sonhando com sortidas ao teatro, viagens e recebendo raras pessoas — desde que não tivessem tocado em flores, por causa de sua asma. O banho de natureza na atmosfera translúcida de uma tarde de verão "À sombra das raparigas em flor", como sugere o título de um dos livros do conjunto, resulta da magia da arte de Proust. Como o deus Jano de duas caras, que olha para o passado e para o futuro, sua obra encerra o romance do século XIX e inaugura o do século XX, dizem os críticos.

Crônica 3 * *Le rouge et le noir*, segundo romance de Stendhal (Henri-Marie Beyle, 1783-1842), foi publicado em 1830. A história do ambicioso Julien Sorel teria sido inspirada no "Processo Berthet", caso policial ocorrido em 1827, quando o filho de um artesão foi julgado e condenado à morte por matar sua amante, esposa de um notável da província. Mesmo destino de Sorel, por fim executado, apesar dos apoios recebidos de Madame de Rênal, sua amante, que ele tentou matar com dois tiros, e de Mathilde de la Mole, a filha de seu patrão nobre, que ele tinha engravidado. A crítica vê no simbolismo das cores um caminho para a compreensão inicial do romance. O vermelho evocando o sangue do crime e da paixão, que se alia ao negro do luto e da morte, sendo ao mesmo tempo uma a cor do hábito do seminarista Julien Sorel e a outra a do uniforme militar, carreira com que sonha o personagem, filho de um carpinteiro interiorano.

** **Dunquerque**: Porto que sofreu demais nas duas guerras mundiais, é lembrado sobretudo pela épica retirada dos soldados aliados em 1940, quando, fugindo ao cerco dos alemães, 338 mil soldados foram evacuados pelo Canal da Mancha por mais de mil embarcações — de torpedeiros a iates particulares e barcos de pesca. Com seu pesado aspecto flamengo, indústrias de refino de petróleo, pesca e têxteis, entre outras, a cidade sofre do clima eternamente frio e úmido que caracteriza o norte da França, parecendo pouco propícia a espetáculos passionais, como os de tango.

Crônica 4 * *Gulag*: Os campos de trabalho forçado na Sibéria existiam na Rússia desde o século XIX, nos quais foram prisioneiros os principais líderes da revolução proletária de 1917, como Vladimir Lênin, Leon Trótski e Joseph Stálin. Fechados após a vitória sobre o governo czarista, de que resultou a implantação do regime comunista e a fundação da União Soviética, foram reabertos por Stálin, sob o nome de Glavnoie Upravleniie Lagere (Gulag), tornando-se mundialmente conhecidos graças aos romances do escritor Alexander Soljenítsin. Principalmente com *Arquipélago Gulag*, livro que registra a experiência de prisioneiro do autor, Soljenítsin fez a mais contundente descrição de como funcionavam os campos. Ele recebeu o Prêmio Nobel de Literatura em 1970. Indivíduos não-conformistas — de camponeses e professores considerados "individualistas" a intelectuais, como ele, Isaac Bábel, Bóris Pilniak — eram condenados e deportados para a Sibéria. Estima-se que cerca de 50 milhões de pessoas morreram nos *gulags* soviéticos entre 1930 e 1950.

Crônica 5 * René Magritte (1898-1967), pintor surrealista belga, teve grande influência a partir dos anos 1960 e caiu nas graças de muitos artistas *pop* — Paul McCartney, por exemplo, diz ter-se inspirado em seus quadros com maçãs para dar o nome de Apple ("maçã") à gravadora dos Beatles. Dono de grande técnica, ele faz representações mais realistas que as da "pintura automática" surrealista (ver nota da crônica 1), mas que jogam sempre com situações inusitadas, fantásticas e muito humor. Magritte descreveu sua arte dizendo: "Minha pintura são imagens visíveis que nada escondem; elas evocam mistério e, de fato, quando uma pessoa vê uma das minhas telas, apresenta a si mesma esta simples questão: 'O que isso significa?'. Não significa nada, porque o mistério não significa nada a mais; o mistério é incognoscível".

Crônica 8 * "Contentamento descontente", menção ao Soneto 4 das *Rimas*, coleção da lírica do grande poeta português Luís de Camões (1525-1580), cujo primeiro quarteto diz: "Amor é um fogo que arde sem se ver;/É ferida que dói e não se sente;/É um contentamento descontente;/É dor que desatina sem doer".

Crônica 9 * Jacques Lacan (1901-1980) e sua abordagem característica do analisando no início da sessão estão registrados no romance da autora *O papagaio e o doutor*. Psiquiatra e psicanalista francês cujo "retorno a Freud", em forma de renovação teórica e clínica, teve grande repercussão na estrutura institucional da psicanálise.

** Apocalipse de Angers, maior conjunto de tapeçarias remanescentes da Idade Média, narra o Apocalipse de São João e está abrigado no Castelo de Angers, França, fortaleza construída pela rainha e regente Blanche de Castille em 1230 para precaver-se das cobiças dos barões contra o trono de seu filho, Luís IX (São Luís). A tapeçaria, baseada em cartões desenhados pelo pintor e miniaturista belga Jean de Bruges, foi executada pelo ateliê de Nicolas Bataille e Robert Poisson, em Paris, entre 1374 e 1382. Eram sete peças, das quais seis se encontram restauradas e expostas em espaço museográfico privilegiado no Castelo de Angers — uma sala transformada em livro tecido em lã, que se estende por 103 metros de comprimento por 4,5 metros de altura, com 14 quadros alternando-se em fundos vermelhos e fundos azuis, lendo-se nele alegorias das visões do profeta João e, cá e lá, detalhes da vida política e social do século XIV.

Crônica 12 * *A negra*, tela pintada em 1923 por Tarsila do Amaral (1886-1973) durante uma de suas temporadas de estudos em Paris, quando era aluna dos mestres cubistas Fernand Léger, André Lhote e Albert Gleizes.

As novidades aprendidas na Europa podem ser vistas no fundo cubista do quadro, atravessado por massas horizontais de cores que terminam numa folha de bananeira quase abstrata. Na frente, porém, ocupando quase todo o espaço, um corpo nu de matrona negra, seio e beiços enormes, grita a ambição da artista: "Sinto-me cada vez mais brasileira, quero ser a pintora da minha terra". Essa figura de mãe-preta, parte da colorida pintura pau-brasil da artista, é predecessora e um dos ícones da Antropofagia, juntamente com a tela *Abaporu*, de 1928, quando o escritor Oswald de Andrade — então marido de Tarsila — formulou a idéia de que a arte brasileira deveria ser canibal, capaz de devorar os modelos europeus, degluti-los e transformá-los em arte originalmente nossa.

Crônica 14 * Atriz de Bergman: Menção ao sueco Ingmar Bergman (1918-2007), considerado um dos maiores cineastas de todos os tempos, e a suas belas atrizes escandinavas, caracteristicamente de pele e olhos claros e cabelos loiros, como a norueguesa Liv Ullman, musa do cineasta e sua mulher nos anos 1960, e as suecas Bibi Andersson e Ingrid Thullin (1926-2004).

Crônica 15 * Caminha: Referência à carta sobre a descoberta do Brasil enviada pelo escrivão da armada de Pedro Álvares Cabral ao rei de Portugal, Dom Manuel (1469-1521), o Venturoso, assim chamado porque em seu reino, entre outros acontecimentos relevantes, foi conquistado o caminho marítimo para as Índias, de grande valor econômico e estratégico para Portugal. O trecho mencionado está no fim do texto, quando se anuncia a partida da esquadra, em 2 de maio de 1500, que demandou a costa da África, para contorná-la e chegar às Índias. Caminha, destinado a assumir como escrivão da feitoria de Calicute, morreu em 15 de dezembro do mesmo ano, durante embates com mouros. E sua carta permaneceria encerrada entre os segredos da coroa portuguesa na Torre do Tombo até publicação no ano da graça de 1817, mais de trezentos anos depois de escrita.

Crônica 16 * São Francisco de Assis, igreja localizada em Ouro Preto, Minas Gerais, com projeto arquitetônico, esculturas e talhas em madeira feitas pelo mesmo artista — Antônio Francisco Lisboa, o Aleijadinho (1730-1814)

—, é considerada uma das obras-primas do barroco brasileiro. A pintura e a douração de forro, retábulos e laterais, de grande virtuosismo, foram feitas sob a responsabilidade de Manuel da Costa Ataíde (1762-1830), sob orientação de mestre Aleijadinho.

Crônica 17 * Las Ramblas ou **La Rambla** é o nome de um calçadão emblemático de Barcelona, que vai da praça da Catalunha, no centro da cidade, ao porto antigo, na praça Portal da Paz, onde fica a famosa estátua de Cristóvão Colombo, que dá nome à rua diante do porto, o **Paseo Colón**. **Barceloneta**, por sua vez, é um antigo bairro de pescadores que foi tirado da decadência e renovado a partir dos anos 1980, tendo ganho *status* de atração turística. Tornou-se uma alternativa de passeio a La Rambla, onde há movimento até bem tarde, com floristas, bancas de jornais e outros pequenos comércios ajudando na animação.

** Imóbile, a palavra, remete a um tipo de arte que se tornou popularíssimo nos anos 1960 — a arte cinética, proposta pelo escultor americano Alexander Calder (1898-1976) com seus móbiles, até hoje imitados e usados em decoração mundo afora. Fios de arame prendem folhas de metal coloridas em formato orgânico e pendem do teto, equilibrando-se no ar, que a mais leve brisa move. Esses objetos instáveis decerto correspondem à aparição magra, mas estática, no calçadão da Rambla de Barcelona.

*** Antoni Gaudí (1852-1926), o arquiteto admirado como um dos maiores gênios criativos do modernismo. De estilo extremamente original, usou o passado mourisco e gótico para construir edificações futuristas e lançou mão de materiais pobres, como tijolos, azulejos e ferro forjado, para compor palácios, conventos, parques e mansões. Ele não se limitava a desenhar e erguer paredes, pois criava também nos mínimos detalhes tudo o que deveria ficar dentro dos edifícios. É tal o interesse em torno de sua arte que existe um *tour* especialmente dedicado à visitação de suas obras na cidade de Barcelona — entre elas, a magnífica igreja da Sagrada Família (1883-1926), ainda inacabada, a Casa Batló (1904-1906), que não tem uma única linha reta, e a Casa Milá, apelidada pelos críticos de "La Pedrera", considerada a mais típica obra de Gaudí e a mais característica da arquitetura modernista.

Uma curiosidade: Gaudí, que era um católico fervoroso e tido como homem de grande bondade, é objeto de um processo de beatificação.

Crônica 20 * Yoji Yamamoto, nascido em Tóquio em 1943, primeiro fez direito e depois de formado foi estudar na Faculdade de Moda Bunka, a mesma rigorosa e renomada escola em que se formou Kenzo. Considerado um artista de vanguarda, cria roupas em geral monocromáticas, que se distinguem das tendências correntes e revelam sua filosofia. Colabora freqüentemente com o cineasta japonês Takeshi Kitano e vestiu a banda de rock Placebo em seu primeiro DVD. Foi personagem do documentário do cineasta alemão Wim Wenders em *Notebook on Cities and Clothes* (1989), que o acompanhou de Tóquio a Paris durante os preparativos de um de seus desfiles na capital francesa.

Crônica 21 * O Museu Guimet foi inaugurado em Paris em 1889 pelo industrial lionês Émile Guimet (1836-1918), que construiu o prédio e iniciou o acervo com sua coleção particular de objetos adquiridos em viagens ao Egito, à Grécia e durante uma volta ao mundo feita em 1876, com etapas no Japão e na China. Em 1927, passou a fazer parte da Direção de Museus da França, enriquecido com novas coleções, biblioteca especializada e foi paulatinamente transformado no que é hoje o Museu Nacional de Artes Asiáticas Guimet — um centro de conhecimento das civilizações asiáticas na Europa.

Crônica 23 * Praça da Paz Celestial, ou praça Tiananmen, é um enorme espaço capturado ao antigo conjunto da Cidade Proibida onde ficavam escritórios do governo imperial. Os muros foram derrubados e a praça tornou-se local para algo incomum na história da China: a reunião de multidões. Usada para os desfiles monumentais do regime comunista, constitui hoje a entrada para os visitantes que demandam a Cidade Proibida e têm de passar pelo portão Tiananmen. No Ocidente, é lembrada pela manifestação pró-democracia de 1989, brutalmente reprimida pelo governo chinês.

Crônica 25 * Nas dinastias Han (206 a.C.-220 d.C.) e **Tang** (618-907), Xian, capital da província de Shaanxi, era o ponto de início da Rota da Seda, que, desde a Antiguidade até a descoberta do caminho marítimo para as Índias pelo navegador português Vasco da Gama, em 1498, constituiu a única comunicação ininterrupta entre a China e a Ásia Central com o Ocidente. Dunhuang era particularmente importante, pois, a partir dela, as caravanas poderiam seguir por três caminhos diferentes. A trilha, cuja data de origem é imprecisa, já estava fixada no final do período Han e ia da China à península itálica — um percurso de 7 mil quilômetros.

Crônica 28 * Sri Aurobindo (1872-1950), educador indiano, foi funcionário público no governo britânico da Índia até 1906, quando assumiu abertamente tarefas no comando revolucionário pela independência do país. Preso durante dois anos, passou por experiências espirituais que determinaram sua atuação futura, estabelecendo o trabalho conhecido como *O yoga de Sri Aurobindo*, relativo ao estudo da consciência. Escreveu *Psicologia integral*, publicado apenas em 1986, *Síntese do yoga, A vida divina* e *Cartas sobre yoga.*

Crônica 32 * *Beatniks e hippies*. Os *beatniks* surgiram nos Estados Unidos sobre o pano de fundo do macartismo, que representou a guerra fria na frente interna, sob a forma de perseguição a tudo o que fosse ou parecesse antiamericano. Críticos da ameaça atômica como o fiel da balança da paz mundial e ao enquadramento no "sistema", são poetas, romancistas, dramaturgos — Jack Kerouac, Allan Ginsberg, Lawrence Ferlinguetti, William Burroughs —, que optam pelo individualismo, preferindo a abordagem espiritual — em particular zen-budista — e a imaginação. Batizado de "geração *beat*" por Kerouac em 1948, o movimento ganhou da imprensa conservadora o apelido de *beatnik*, palavra que ressoa o nome dos satélites soviéticos Sputnik e dão conotação antiamericana a esses jovens utopistas, em cuja revolução literária e comportamental jazz, droga e sexo livre tiveram peso considerável. Primeiro movimento americano de contracultura, os *beatniks* dos anos 1950 teriam forte influência cultural. Seus membros também eram chamados de *hipsters*, o que redundou na designação **hippies** para a geração seguinte de "rebeldes sem causa". Cabelos compridos, roupas multicoloridas, vida em comunidade e protestos contra a Guerra do Vietnã foram característicos dessa geração de pacifistas anticapitalistas dos anos

1960, que se expressou mais pela música, com ícones como Jimi Hendrix e Janis Joplin.

** "Deus salve a América de Bush."

*** "À memória de Chebica, que gostava de café e cigarro."

Este livro foi composto na tipologia Times New Roman, em corpo 12/14, e impresso em papel off-white $90g/m^2$, na Markgraph.